CHARLY TILL

DIE BESTEN AUFSTRICHE SELBST GEMACHT

75 HERZHAFTE UND SÜSSE REZEPTE

CHARLY TILL

DIE BESTEN AUFSTRICHE SELBST GEMACHT

75 HERZHAFTE UND SÜSSE REZEPTE

riva

Bibliografische Information der Deutschen Nationalbibliothek:
Die Deutsche Nationalbibliothek verzeichnet diese Publikation in der Deutschen Nationalbibliografie. Detaillierte bibliografische Daten sind im Internet über https://dnb.de abrufbar.

Für Fragen und Anregungen
info@m-vg.de

Wichtige Hinweise
Dieses Buch ist für Lernzwecke gedacht. Es stellt keinen Ersatz für eine individuelle medizinische Beratung dar und sollte auch nicht als solcher benutzt werden. Wenn Sie medizinischen Rat einholen wollen, konsultieren Sie bitte einen qualifizierten Arzt. Der Verlag und der Autor haften für keine nachteiligen Auswirkungen, die in einem direkten oder indirekten Zusammenhang mit den Informationen stehen, die in diesem Buch enthalten sind.

Ausschließlich zum Zweck der besseren Lesbarkeit wurde auf eine genderspezifische Schreibweise sowie eine Mehrfachbezeichnung verzichtet. Alle personenbezogenen Bezeich-nungen sind somit geschlechtsneutral zu verstehen.

Originalausgabe
3. Auflage 2026

Türkenstraße 89
80799 München
Tel.: 089 651285-0

Redaktion: Caroline Kazianka
Umschlaggestaltung: Sonja Vallant
Umschlagabbildungen: Shutterstock: Melica, Felliks2, etorres
Satz: inpunkt[w]o, Haiger (www.inpunktwo.de); Andreas Linnemann, München
Druck: Florjancic Tisk d.o.o., Slowenien
Printed in the EU

ISBN Print 978-3-7423-1126-9
ISBN E-Book (PDF) 978-3-7453-0778-8
ISBN E-Book (EPUB, Mobi) 978-3-7453-0779-5

Weitere Informationen zum Verlag finden Sie unter

www.rivaverlag.de

Beachten Sie auch unsere weiteren Verlage unter www.m-vg.de

INHALT

Vorwort

Mal ganz ehrlich: Gibt es etwas Besseres als eine Stulle für den Hunger zwischendurch? Und die am besten mit einem von unseren selbst gemischten Aufstrichen! Egal ob mit Käse, vegetarisch, mit Fleisch, Wurst, Fisch oder ausgefallen für Schleckermäuler – eines haben sie alle gemeinsam: Sie sind schnell gemacht, preiswert und schmecken supergut.

Lassen Sie die Supermarktregale mit den ewig gleichen eintönigen Brotaufstrichen in der Minipackung mit vielen Zusatzstoffen links liegen! Fernsehabend mit Fertigpizza oder Lieferservice – vergessen Sie das! Besser, Sie mischen sich schnell etwas Leckeres zusammen. Ab in eine Schüssel, und schon haben Sie etwas Köstliches zum Dippen – vielleicht noch selbst gebackenes Brot dazu, fertig! Ein Grillabend mit Freunden? Was passt da besser als ein paar Aufstriche, die schmecken auch als Dip zum Fleisch. Sonntagmorgenfrühstück mit dem Partner? Mit einer feinen Karamellcreme beginnt der Tag gleich noch mal schöner.

Und als Krönung das »Untendrunter«: duftendes, frisches, selbst gebackenes Brot ohne künstliche Zutaten und Geschmacksverstärker – einfach herrlich! Und eines ist sicher: Wer sein Brot einmal selbst gebacken hat, wird nur mehr schwer davon abzubringen sein. Variationen dafür gibt es viele – einfach ein paar Gewürze dazugeben, die Form verändern, unterschiedliche Mehle verwenden ...

Jetzt aber los: Ran an die Aufstriche!

Ihr
Charly Till

BASICS

Viele Aufstriche sind vielseitig verwendbar, nicht nur einfach auf Brot: zu rohem oder gedünstetem Gemüse, gegrilltem, gebratenem oder kaltem Fleisch und ebenso zu Krustentieren.

Am besten werden die Aufstriche im Kühlschrank in verschließbaren Dosen aufbewahrt. Sie halten sich dann 3–5 Tage, im Sommer eventuell auch etwas kürzer. Zum Einfüllen der Aufstriche ist ein Marmeladentrichter hilfreich. Der ist schön breit und die Masse gelangt ohne Kleckern dorthin, wo sie hinsoll.

Wird Knoblauch verwendet, sollten Sie Knollen aus Deutschland, Frankreich, Spanien, Italien oder Ungarn kaufen, von chinesischem rate ich ab. Bekommt er schon grüne Triebe, ist er für die Pasten nicht mehr geeignet.

Auch Zwiebeln sollten immer frisch sein. Alte Zwiebeln, die bereits austreiben, schmecken nicht mehr wirklich gut und können Blähungen verursachen.

Für einige Aufstriche nehmen wir vorbereitete Basispasten. Sie sind ideal zum schnellen Würzen und einfach nur lecker – sogar »solo« auf dem Brot!

Selbst gemachte Butter

Zutaten für 200 g

400 g Sahne, gekühlt
1 Prise Salz

1. Eine Rührschüssel (am besten aus Edelstahl) in kaltem Wasser kühlen.
2. Sahne und Salz in die Schüssel geben und mit einem Handmixgerät rühren, bis die Masse eindickt und sich Butter gebildet hat (mindestens 5 Minuten).
3. Buttermilch abschütten, kalt stellen und bald genießen, schmeckt sehr lecker.
4. Mit einem Spatel die Butter in doppelt gelegtes Butterbrotpapier streichen. Über der Spüle zusammenkneten, überschüssiges Wasser wird somit ausgepresst.
5. Butter zu einer Rolle formen und kalt stellen. Am besten bald verbrauchen (wird eh nicht alt, wenn Sie sie erst einmal probiert haben).

Für Kräuterbutter ganz einfach noch gehackte frische Kräuter mit dem Spatel in die Butter rühren, Masse auf Klarsichtfolie geben, einrollen, zu einer Wurst formen und dann in den Kühlschrank stellen.

Tahini-Sesampaste

Zutaten für 300 g

250 g Sesam
80 ml Sesamöl
½ TL Salz

1. Sesam 3–5 Minuten in einer Pfanne ohne Fett bei etwa 160 °C rösten, mit einem Kochlöffel rühren, bis die Sesamkörner dunkler werden und zu duften beginnen. Vorsicht, die Körner springen in der Pfanne umher!
2. Den gerösteten Sesam abkühlen lassen, in einen Mixer umfüllen und fein hacken. Das Sesamöl zugeben, nochmals mixen, bis eine feine Paste entsteht.
3. Zur Konservierung das Salz dazugeben und untermischen. Das Ganze so lange mixen, bis die gewünschte Konsistenz erreicht ist (zwischendurch Masse mit einem Spatel nach unten schieben).
4. Paste in ein verschließbares Glas abfüllen, im Kühlschrank lagern und zeitnah verwenden.
5. Für eine längere Lagerung muss die Paste immer mit Sonnenblumenöl bedeckt sein.

Die Tahinipaste kommt z. B. bei der klassischen Hummuszubereitung zum Einsatz sowie beim Kochen von Currys und Eintöpfen, schmeckt aber auch pur als Dip oder auf Brot.

Knoblauchpaste

Zutaten für ca. 250 g

4 frische Knoblauchknollen
120 ml Sonnenblumenöl
½–1 TL Salz

1. Von den Knoblauchknollen oben und unten Stielansatz und Wurzel abschneiden, dann die einzelnen Knoblauchzehen abschälen.
2. Die geschälten Zehen in einen Mixer geben, Sonnenblumenöl und Salz zufügen und alles nicht zu fein pürieren.
3. Masse in einen Kochtopf umfüllen und gut 30 Minuten lang erhitzen, aber nicht köcheln lassen (etwa 80 °C), dabei immer wieder umrühren.
4. Paste in Schraubgläser füllen. Erst abgekühlt verschließen, damit sich kein Schwitzwasser bildet.
5. Haltbarkeit: im Kühlschrank 2–3 Monate. Die Knoblauchhäcksel müssen immer mit Öl bedeckt sein, bei Bedarf etwas nachfüllen!

Die leckere Knoblauchpaste kann für viele Aufstriche eingesetzt werden, und man spart so viel Zeit, weil man nicht mehr eigens Knoblauchzehen schälen muss. Da Olivenöl beim Kochen grünlich wird und dann bitter schmeckt, verwende ich lieber Sonnenblumen- oder Erdnussöl.

Chilipaste

Zutaten für ca. 200 g

75 g Chilimischung (frische Chilis)
150 ml Sonnenblumenöl
1 TL Salz

1. Chilis putzen, waschen und Kerne entfernen (wer es nicht extrem scharf haben will). Eventuell Handschuhe als Schutz verwenden!
2. Die Chilis dann in einen Mixer geben und fein hacken. Mit dem Öl und dem Salz vermischen und etwa 40 Minuten in einem Kochtopf bei 80 °C garen. Nicht kochen lassen und oft umrühren. Die Paste in kleine Gläser abfüllen, aber erst abgekühlt verschließen. Kühl gelagert hält sich die Paste mehrere Monate.

Chilipaste kann überall dort eingesetzt werden, wo auch Knoblauchpaste verwendet wird. Allerdings nur, wenn man es scharf mag.

VEGETARISCH UND VEGAN

Kokos-Minze-Ingwer-Paste

Zutaten für 250 g

1 kleiner Bund frische Minze
10 g frischer Ingwer
1 EL Limettensaft
200 g Kokosflocken
400 ml Kokosmilch
1 TL brauner Zucker
1/4 TL Chilipulver

1. Minze waschen, trockenschütteln, Blätter abzupfen, klein schneiden und in einen Mixer geben.
2. Ingwer schälen, in Stücke schneiden. Mit dem Limettensaft ebenfalls in den Mixer geben, alles kurz fein pürieren. Kokosflocken, Kokosmilch, Zucker und Chilipulver zugeben und nochmals mixen.
3. Paste in verschließbare Gläser abfüllen.

Cashewfrischkäse

Zutaten für 350 g

250 g Cashewkerne
100 g Banane
150 ml Kokosmilch
2 TL Zitronensaft

1. Cashewkerne in einem Mixer hacken.
2. Banane schälen, in Stücke schneiden.
3. Banane, Kokosmilch und Zitronensaft zu den Cashewkernen geben und alles so lange mixen, bis die gewünschte Konsistenz erreicht ist.
4. Paste in verschließbare Gläser abfüllen.

Rote-Bete-Hummus

Zutaten für 200 g

1 Glas Kichererbsen (Abtropfgewicht 220 g)
100 g gekochte Rote Bete
10 g frischer Ingwer
1 EL Tahini-Sesampaste (siehe Seite 11)
1 EL Zitronensaft
1 EL Knoblauchpaste (siehe Seite 12)
¼ TL Kreuzkümmel
1 Prise Chilipulver
½ TL Salz
¼ TL Pfeffer
1 EL Zucker
1 EL Sonnenblumen- oder Olivenöl
1 TL Sesam
Evtl. frische Kräuter zum Bestreuen

Variante:
1 EL Korianderblätter mit den anderen Zutaten hacken

1. Kichererbsen durch ein Sieb abgießen, mit Wasser abspülen, abtropfen lassen und dann in einen Mixer geben.
2. Rote Bete klein würfeln, ebenfalls in den Mixer füllen.
3. Ingwer schälen und klein schneiden. Mit den restlichen Zutaten (abgesehen von Öl und Sesam) zugeben und alles fein pürieren. Masse mit einem Spatel nach unten schieben und Vorgang wiederholen.
4. Paste in verschließbare Gläser abfüllen.
5. Vor dem Servieren etwas Öl, frische Kräuter und Sesamsamen über die Paste geben.

Die Creme passt besonders gut zu hellen Brotsorten, Sesamstangen und Fladenbrot.

Im Kühlschrank ist sie 3–4 Tage haltbar. Wird sie am Vortag zubereitet und kann etwas durchziehen, schmeckt sie noch besser.

Paprika-Parmesan-Tomaten-Creme

Zutaten für 500 g

200 g Parmesan
200 g rote Paprika
125 g getrocknete Tomaten
50 ml Aceto Balsamico
4 EL Knoblauchpaste (siehe Seite 12) oder 3 EL Chilipaste (siehe Seite 12)
50 ml Olivenöl
1 TL Honig
¼ TL Salz
¼ TL Pfeffer

1. Den Parmesan fein reiben (oder in 2 cm große Würfel schneiden und in einem Mixer mahlen). Paprika putzen, waschen und in Stücke schneiden.
2. Paprika und die restlichen Zutaten mit dem Parmesan in einem Mixer fein pürieren, bis die gewünschte Konsistenz erreicht ist.
3. Paste in verschließbare Gläser abfüllen.

Schmeckt besonders auf Weißbrot sehr fein.

Im Kühlschrank aufbewahrt hält die Paste bis zu 1 Woche.

Nach einem Tag schmeckt die Creme noch besser.

Pastinako

Zutaten für 500 g

75 g Sonnenblumenkerne
30 ml Sonnenblumenöl
400 g Pastinaken
100 g Paprika
100 g Zwiebel
1 EL Knoblauchpaste (siehe Seite 12)
1 EL Tomatenmark
1 EL Zitronensaft
½ TL Salz
1 TL Pfeffer

1. Sonnenblumenkerne mit dem Sonnenblumenöl in eine Pfanne geben und kurz unter Rühren anrösten, bis sie Farbe annehmen. Auskühlen lassen, dann im Mixer fein mahlen.
2. Pastinaken waschen, schälen, in Stücke schneiden.
3. Paprika putzen und waschen. Zwiebeln schälen und beides grob in Stücke schneiden.
4. Vorbereitetes Gemüse mit der Knoblauchpaste, dem Tomatenmark, Zitronensaft, Salz und Pfeffer in den Mixer geben und alles pürieren. Danach Masse in einem kleinen Kochtopf etwa 10 Minuten unter Rühren bei mittlerer Temperatur köcheln.
5. Creme in verschließbare Gläser abfüllen und abgekühlt servieren.

Die Paste schmeckt auch gut mit etwas Chili- oder Paprikapulver, Thymian, Smoked Curry oder Curry verfeinert. Wer es schärfer mag, gibt etwas von der Chilipaste (siehe Seite 12) dazu.

Auberginen-Creme

Zutaten für 500 g

2 Auberginen
4 Knoblauchzehen
125 g getrocknete Tomaten
1 EL Knoblauchpaste (siehe Seite 12)
200 g Schafskäse
150 g griechischer Joghurt
1 TL getrockneter Oregano
1 TL getrockneter Thymian
½ TL Kräutersalz
¼ TL Pfeffer

1. Backofen auf 200 °C Ober-/Unterhitze vorheizen.
2. Auberginen putzen, waschen, halbieren und mit einer Gabel mehrmals einstechen.
3. Knoblauch schälen, in Scheiben schneiden. Ein Backblech mit Backpapier belegen, die Knoblauchscheiben darauf verteilen. Die Auberginenhälften mit der Schnittseite nach unten auf den Knoblauch legen. Blech in den vorgeheizten Ofen schieben und Auberginen in 45 Minuten weich garen.
4. Die getrockneten Tomaten und die Knoblauchpaste im Mixer fein pürieren. Die Auberginen aus dem Backofen nehmen und etwas auskühlen lassen. Mit einem Esslöffel dann das Auberginenfleisch aus der Schale kratzen und in den Mixer geben.
5. Schafskäse würfeln und mit den restlichen Zutaten zufügen, dann alles cremig mixen.
6. Paste in verschließbare Gläser abfüllen und im Kühlschrank mindestens 1 Stunde lang durchziehen lassen. Hält sich mehrere Tage.

Bruschetta

Zutaten für 400 g

35 g Parmesan
2 Zwiebeln
1 EL Knoblauchpaste (siehe Seite 12)
500 g aromatische Tomaten
20 Blätter Basilikum
30 ml Olivenöl
½ TL Salz
1 Prise Pfeffer
4 entsteinte Oliven

1. Parmesan reiben und in einer Schüssel beiseitestellen.
2. Zwiebeln schälen, vierteln und mit der Knoblauchpaste in einen Mixer geben, hacken, bis sie relativ fein, aber nicht zu stark püriert sind.
3. Tomaten waschen, halbieren, Stielansatz entfernen und Kerne mit einem Löffel herausheben. Fruchtfleisch in den Mixer zugeben.
4. Basilikum waschen, trockenschütteln und die Hälfte mit einer Schere klein schneiden und zufügen.
5. Olivenöl, geriebenen Parmesan, Salz und Pfeffer zugeben, alles nochmals fein mixen. Oliven in Scheiben schneiden und mit einem Spatel unterrühren.
6. Tomatengemisch auf geröstete Brotscheiben geben und mit dem restlichen Basilikum garniert sofort verzehren oder in ein Schraubglas abfüllen und in den Kühlschrank stellen. Nicht länger als 2 Tage aufbewahren.

Wenn der Tomatenbelag noch zu viel Flüssigkeit enthält, diese vorsichtig (evtl. durch ein Sieb) abgießen. Erst dann abfüllen oder für die Bruschetta auf geröstetes Brot geben.

Schmeckt besonders gut in Kombination mit Guacamole (siehe Seite 23).

Famoser Gemüseaufstrich

Zutaten für 400 g

60 g gemischte Kerne
150 g Zwiebeln
2 EL Sonnenblumenöl
1 TL Tomatenmark
230 g Möhren und Erbsen im Glas
3–4 Stängel Petersilie
1 EL Zitronensaft
1 Prise Chilipulver
¼ TL Salz

1. Die gemischten Kerne in einer Pfanne ohne Fett kurz unter Rühren anrösten und dann abkühlen lassen.
2. Die Zwiebeln schälen, vierteln und fein hacken. Mit dem Sonnenblumenöl in einem kleinen Topf kurz andünsten.
3. Die gerösteten Kerne und das Tomatenmark dazugeben und alles etwa 5 Minuten lang bei kräftiger Hitze unter Rühren anbraten. Das Möhren-Erbsen-Gemüse durch ein Sieb abgießen, abtropfen lassen und in einen Mixer schütten.
4. Petersilie waschen, trockenschütteln, mit einer Schere klein schneiden und mit den restlichen Zutaten zugeben. Alles cremig mixen.
5. Aufstrich in verschließbare Gläser abfüllen.

Vegetarische Leberwurst

Zutaten für ca. 500 g

100 g Grünkern
150 g Zwiebeln
1 EL Knoblauchpaste (siehe Seite 12)
200 g weiche Butter
1 TL Räuchersalz
1 TL getrockneter Majoran
½ TL getrockneter Thymian
1 TL Gemüsebrühpulver, hefefrei
½ Würfel Frischhefe, 21 g
½ TL Pfeffer
20 ml Zitronensaft
200 ml Wasser

Vegane Variante:

Butter gegen 150 g Kokosfett oder Bio-Kokosöl austauschen

1. Den Grünkern in einen Mixer geben und fein hacken, dann in eine Schüssel umfüllen.
2. Zwiebeln schälen, vierteln und mit der Knoblauchpaste in den Mixer geben und kurz hacken.
3. Zusammen mit der Hälfte der Butter in einem Kochtopf etwa 10 Minuten garen.
4. Den gemahlenen Grünkern, Räuchersalz, Majoran, Thymian, Gemüsebrühpulver, Hefe, Pfeffer, Zitronensaft und Wasser zugeben. Unter Rühren 5 Minuten weiterkochen.
5. Topf vom Herd nehmen und die Masse 10 Minuten lang quellen lassen.
6. Die restliche Butter in kleinen Stücken zugeben und gründlich unterrühren.
7. Den Aufstrich in verschließbare sterilisierte Gläser abfüllen und in den Kühlschrank stellen.

Aufstrich im Kühlschrank einige Stunden ziehen lassen. Schmeckt besonders lecker zu unserem selbst gebackenen Kastenweißbrot (siehe Seite 88).

Guacamole

Zutaten für 400 g

4 Avocados (entkernt 400 g)
1 TL Salz
2 TL brauner Zucker
10 g Knoblauchpaste (siehe Seite 12)
40 ml Olivenöl
30 ml Zitronensaft

Varianten:

50 g Zwiebelstücke mithacken
50 g Tomatenstücke untermischen
1 EL Chilipaste (siehe Seite 12) zugeben

1. Die Avocados längs halbieren, Kerne entfernen. Fruchtfleisch mit einem Löffel aus der Schale heben und mit den restlichen Zutaten im Mixer cremig pürieren.
2. Guacamole schmeckt am besten frisch, lagert man sie länger, verfärbt sie sich unschön.

Ideal als Dip zu Tortilla-Chips und Grillfleisch oder gegrilltem Gemüse.

Pilzcreme mit Pinienkernen

Zutaten für 300 g

250 g braune Champignons
1 Zwiebel
50 ml Sonnenblumenöl
100 g Pinienkerne
Pfeffer
Salz
Etwas frischer Schnittlauch

1. Die Champignons mit einer Bürste säubern, Stielansatz herausdrehen (wird nicht verarbeitet). Zwiebel schälen, vierteln und beides im Mixer fein hacken.
2. Mit dem Sonnenblumenöl in einer Kasserolle oder Pfanne 12–15 Minuten unter Rühren erhitzen.
3. Pinienkerne zugeben, alles mit einem Pürierstab fein mixen.
4. Creme nach Geschmack salzen und pfeffern, in ein verschließbares Glas füllen und im Kühlschrank durchziehen lassen.
5. Schnittlauch waschen, trockenschütteln und in feine Röllchen schneiden. Brote mit dem Aufstrich bestreichen und mit Schnittlauch bestreuen.

Linsenpaté

Zutaten für 300 g

120 g Linsen
50 g Zwiebeln
1 Knoblauchzehe
50 g Butter
1 kleine Pastinake (60 g)
1 TL Gemüsebrühpulver, hefefrei oder Gemüsepaste
100 ml Wasser
1 EL frische Kräuter (Petersilie, Basilikum, Liebstöckel)
1 kleiner Zweig Rosmarin
1 TL Paprikapulver
1 Prise Pfeffer

1. Linsen über Nacht oder mindestens 6 Stunden in einer Schüssel mit 1 l warmem Wasser einweichen. Dann durch ein Sieb abgießen.
2. Zwiebeln und Knoblauch schälen, beides fein hacken. Mit der Butter in einem kleinen Kochtopf andünsten.
3. Pastinake putzen, schälen, klein würfeln. Mit dem Gemüsebrühpulver, dem Wasser und den abgetropften Linsen in den Topf zugeben und etwa 10 Minuten abgedeckt (ab und zu umrühren) köcheln lassen.
4. Kräuter waschen, trockenschütteln, hacken, mit dem klein geschnittenen Rosmarin, Paprikapulver und Pfeffer zugeben. Das Ganze mit einem Pürierstab cremig pürieren.
5. Paste in verschließbare Gläser abfüllen.

Wer sich mit der braunen Farbe der Linsen und dementsprechend auch des Aufstrichs so gar nicht anfreunden kann, nimmt einfach gelbe oder rote Linsen.

Auch geräuchertes Paprikapulver (Pimentón de la Vera) passt gut in diesen Aufstrich, dann aber besser nur ½ TL davon verwenden.

Röstpaprikacreme mit Kichererbsen

Zutaten für 700 g

800 g rote Paprika
100 g Zwiebeln
2 Knoblauchzehen
30 ml Olivenöl
100 g Cocktailtomaten
100 g Kichererbsen im Glas
100 g Schafskäse
1 EL frischer Koriander
1 Prise Thymian, getrocknet
5 schwarze entsteinte Oliven
1 TL Tahini-Sesampaste (siehe Seite 11)
1 TL Paprikapulver
1 Prise geräuchertes Paprikapulver, wenn vorhanden (Pimentón de la Vera)
½ TL Pfeffer
1 Prise Chilipulver
½ TL Meersalz

1. Backofen auf 220 °C Ober-/Unterhitze vorheizen.
2. Paprika waschen, halbieren, Kerne und Zwischenhäute entfernen.
3. Ein Backblech mit Backpapier belegen, die Paprikahälften mit der Haut nach oben daraufsetzen und für 40–50 Minuten in den Backofen schieben. Die Haut soll geröstet sein, also zwar dunkel, aber nicht komplett schwarz werden! Paprika aus dem Ofen nehmen und am besten mit einem feuchten Tuch abgedeckt etwas abkühlen lassen, bis man sie schmerzfrei anfassen kann. Dann die Haut abziehen.
4. Zwiebeln und Knoblauch schälen, beides fein hacken. Mit dem Olivenöl in einen Kochtopf geben und etwa 5 Minuten glasig dünsten.
5. Cocktailtomaten waschen, halbieren. Kichererbsen in ein Sieb abgießen, mit Wasser abspülen und abtropfen lassen. Schafskäse in Stücke schneiden. Koriander waschen, trockenschütteln und fein hacken.
6. Tomaten, Kichererbsen, Schafskäse, Koriander und die restlichen Zutaten in einen Mixer schütten, die abgezogenen Paprika und die Zwiebel-Knoblauch-Mischung zufügen und alles fein pürieren.
7. Creme in verschließbare Gläser abfüllen. Hält sich im Kühlschrank 3 Tage.

FRISCHKÄSE, JOGHURT UND QUARK

Kartoffelaufstrich

Zutaten für 600 g

500 g mehlige Kartoffeln
3 Schalotten
1 TL Gemüsebrühpulver, hefefrei oder Gemüsepaste
1 Rosmarinzweig
150 g Sahne
100 g Schmand
2 TL Paprikapulver
1 TL Knoblauchpaste oder Chilipaste (siehe Seite 12)
¼ TL Kräutersalz
¼ TL Pfeffer
¼ TL Muskat
1 Prise Salz
10 ml Zitronensaft

1. Die Kartoffeln waschen, halbieren und in einem Topf mit kochendem Wasser weich kochen. Dann aus dem Topf nehmen, abkühlen lassen und über Nacht in den Kühlschrank stellen.
2. Schalotten schälen und fein hacken.
3. Die kalten Kartoffeln schälen und mit den Schalotten und den restlichen Zutaten in einem Mixer zur gewünschten Konsistenz mixen. Der Aufstrich sollte cremig sein.
4. Nach Geschmack mit Salz, Pfeffer und Zitronensaft nachwürzen.
5. Aufstrich im Kühlschrank mehrere Stunden lang durchziehen lassen.

Schmeckt nicht nur als Brotaufstrich, sondern auch zu Grillfleisch und Würstchen. Serviert auf Brot mit frischen Kräutern und Tomaten ist er besonders lecker.

Mexikanischer Käseaufstrich

Zutaten für 400 g

15 g grüne Chilischoten
70 g Zwiebeln
1 TL Knoblauchpaste (siehe Seite 12)
1 TL frischer Koriander
50 ml Bier
1 TL Paprikapulver
140 g Cheddar
200 g Schmand
Salz
Pfeffer

1. Chilis putzen, waschen und hacken. Wer es nicht so scharf mag, sollte die Chilis zudem entkernen. Zwiebeln schälen und fein hacken.
2. Die Chilis mit der Zwiebel und der Knoblauchpaste in einem Kochtopf 10 Minuten dünsten.
3. Koriander waschen, trockenschütteln und fein schneiden.
4. Bier, Koriander und Paprikapulver in den Topf geben und 5 Minuten unter Rühren köcheln lassen.
5. Cheddar-Käse klein schneiden, mit dem Schmand zufügen, weiterkochen, bis alles geschmolzen und schön sämig ist. Mit dem Pürierstab nach Wunsch kurz durchziehen, dann mit Salz und Pfeffer abschmecken.

Walnuss-Paprika-Aufstrich

Zutaten für 300 g

50 g Walnüsse
150 g Paprika
30 ml Sonnenblumenöl (alternativ Walnussöl)
1 TL Knoblauchpaste (siehe Seite 12)
150 g Frischkäse
1 TL Paprikapulver
½ TL Kräutersalz
¼ TL Pfeffer

1. Die Walnüsse im Mixer fein mahlen und in eine Schüssel umfüllen.
2. Die Paprika waschen, vierteln, putzen, fein würfeln. Mit dem Öl und der Knoblauchpaste in einer Kasserolle 10 Minuten dünsten. Etwas abkühlen lassen.
3. Frischkäse, gehackte Walnüsse, Paprikapulver, Kräutersalz und Pfeffer zugeben, unterrühren und mit einem Pürierstab fein mixen.

Gorgonzola-Aufstrich

Zutaten für 350 g

50 g Lauchzwiebeln
250 g Speisequark, 20 % Fett
175 g Gorgonzola
½ TL Kräutersalz
¼ TL Pfeffer
Etwas Petersilie
2 TL gehackte Walnüsse

1. Lauchzwiebeln putzen, waschen und in dünne Scheiben schneiden. Mit dem Quark, Gorgonzola, Kräutersalz und Pfeffer im Mixer kurz pürieren.
2. Petersilie waschen, trockenschütteln und fein schneiden.
3. Aufstrich aus dem Mixer in eine Schüssel umfüllen, ein paar Stunden im Kühlschrank durchziehen lassen.
4. Mit Walnüssen und Petersilie bestreut servieren.

Paprika-Meerrettich-Aufstrich

Zutaten für 250 g

1 kleine rote Paprika (90 g)
2 EL frischer Meerrettich
1 TL Tabasco
250 g Speisequark, 20 % Fett
½ TL Salz
½ TL Pfeffer
Etwas frischer Schnittlauch

1. Paprika waschen, vierteln, putzen und in Stücke schneiden. Meerrettich schälen und reiben. Beides mit dem Tabasco in einen Mixer geben und cremig pürieren, mit einem Spatel nach unten schieben.
2. Speisequark, Salz und Pfeffer zugeben, nochmals kurz durchmixen und abschmecken.

3. Aufstrich in eine Schüssel umfüllen und ein paar Stunden im Kühlschrank durchziehen lassen.
4. Schnittlauch waschen, trockenschütteln und in feine Röllchen schneiden. Vor dem Servieren Aufstrich mit Schnittlauch bestreuen.

Frischkäse-Kräuter-Creme

Zutaten für 380 g

1 TL Knoblauchpaste (siehe Seite 12)
400 g Frischkäse
1 TL getrocknetes Basilikum
1 TL getrockneter Thymian
¼ TL Salz
¼ TL Pfeffer
1 TL frische Kräuter

Variante:
Wer es scharf mag, gibt 1 TL Chilipaste (siehe Seite 12) dazu.

1. Alle Zutaten bis auf die frischen Kräuter in einen Mixer geben und bis zur gewünschten Konsistenz pürieren.
2. Kräuter waschen, trockenschütteln und fein hacken. Creme mit Kräutern bestreut servieren.

Kleiner Teufel

Zutaten für 200 g

10 frische Minzblätter oder 1 EL frischer Schnittlauch
250 g Quark, 20 % Fett
2 EL Knoblauchpaste (siehe Seite 12)
1–2 EL Chilipaste (siehe Seite 12)
30 ml Olivenöl
¼ TL Kräutersalz
1 Msp. Pfeffer

1. Minze oder Schnittlauch waschen, trockenschütteln und klein schneiden.
2. Alle Zutaten außer Salz und Pfeffer in eine Schüssel geben und mit dem Schneebesen oder auch einem Pürierstab vermengen.
3. Aufstrich mit Salz und Pfeffer würzen, dann nochmals gut mischen.

Aufstrich Liptauer Art

Zutaten für 300 g

250 g Speisequark, 20 % Fett
100 g Frischkäse
1 EL mittelscharfer Senf
2 TL Paprikapulver
1 TL Knoblauchpaste (siehe Seite 12)
1 TL Kümmel
½ TL Kräutersalz
¼ TL Pfeffer

1. Alle Zutaten in eine Schüssel geben und mit dem Schneebesen oder einem Pürierstab glatt rühren.
2. Aufstrich zugedeckt 1 Stunde im Kühlschrank ziehen lassen.

Zum Garnieren Zwiebelringe, frische Gurkenwürfel, Gewürzgurken, Paprikastreifen, Kapern oder etwas Sardellenpaste verwenden. Schmeckt besonders auf dunklem Brot.

Bayerischer Obatzter

Zutaten für ca. 400 g

40 g Schalotten
½ TL gemahlener Kreuzkümmel oder Kümmel
125 g weiche Süßrahmbutter
50 g Sahne
30 ml Bier (Export oder Weißbier)
200 g Camembert
½ TL Kräutersalz
½ TL Paprikapulver
¼ TL schwarzer Pfeffer
1 kleine Zwiebel
1 Lauchzwiebel
1 kleine Paprika

1. Die Schalotten schälen und fein hacken.
2. Mit dem Kreuzkümmel oder Kümmel, der Butter und der Sahne in einer Schüssel glatt rühren.
3. Bier, Camembert in kleinen Stücken, Kräutersalz, Paprikapulver und Pfeffer zufügen, mit einer Gabel gründlich zerdrücken und gut mischen. Mit Salz und Pfeffer abschmecken.
4. Obatzten in eine Schüssel umfüllen und 3 Stunden abgedeckt im Kühlschrank ziehen lassen.
5. Zwiebel schälen und in feine Ringe schneiden. Lauchzwiebel und Paprika putzen und waschen. Lauchzwiebel in feine Ringe und Paprika in Streifen schneiden.
6. Obatzten mit Zwiebel, Lauchzwiebel und Paprika garniert servieren. Innerhalb von 2 Tagen aufbrauchen.

Eiercreme

Zutaten für 250 g

1 Zwiebel
3 Eier, M, hart gekocht und geschält
30 g geriebener Parmesan
60 g fettreduzierte Mayonnaise
1 TL mittelscharfer Senf
½ TL Salz
¼ TL Pfeffer
Schalenabrieb von ½ Bio-Zitrone
Etwas frischer Schnittlauch

1. Zwiebel schälen und fein hacken. Die Eier in einer Schüssel mit einer Gabel fein zerdrücken.
2. Den Parmesan mit den restlichen Zutaten bis auf den Schnittlauch zugeben und alles mit einem Schneebesen oder einer Gabel mischen.
3. Creme abdecken und 3 Stunden im Kühlschrank ziehen lassen.
4. Schnittlauch waschen, trockenschütteln, in feine Röllchen schneiden und den Aufstrich vor dem Servieren damit bestreuen.

Meerrettich-Frischkäse

Zutaten für 250 g

50 g frischer Meerrettich
250 g Frischkäse
1 Prise Salz
1 Prise weißer Pfeffer
1 Spritzer Zitronensaft

1. Meerrettich schälen, in Stücke schneiden und auf einer Reibe fein reiben. Vorsicht, sehr scharf!
2. Meerrettich mit dem Frischkäse sowie Salz, Pfeffer und Zitronensaft in eine Schüssel geben, mit dem Pürierstab oder einem Schneebesen gut durchmischen

Schmeckt besonders gut als Brotbelag mit Radieschen, Gurke, Karotte, Tomaten und frischen Kräutern darauf. Passt aber auch sehr gut zu Räucherfisch wie Lachs und Forelle.

Schinkenquark

Zutaten für 500 g

200 g gekochter Schinken
100 g Zwiebeln
3 Knoblauchzehen
250 g Speisequark, 20 % Fett
¼ TL Pfeffer
¼ TL getrockneter Majoran
Salz

1. Schinken fein würfeln, dann in eine Schüssel füllen.
2. Zwiebeln und Knoblauch schälen, fein hacken und dazugeben.
3. Quark, Pfeffer und Majoran zufügen und alles gut vermischen. Mit Salz nach Geschmack würzen und servieren.

FLEISCH UND WURST

Bacon Jam

Zutaten für 250 g

200 g Zwiebeln
30 ml Sonnenblumenöl
125 g Räucherspeckwürfel
40 ml Ahornsirup
30 ml Aceto Balsamico
1 TL Zitronensaft
1 Prise Pfeffer
1 Prise Kräutersalz
1 TL Paprikapulver
1 TL Curry
Nach Belieben etwas frische Petersilie zum Garnieren

1. Zwiebeln schälen und fein hacken.
2. Sonnenblumenöl in einer Pfanne erhitzen und Räucherspeckwürfel darin kurz anbraten, die Zwiebelwürfel zugeben und glasig dünsten.
3. Restliche Zutaten untermischen. Wenn eine feine Konsistenz gewünscht wird, mit dem Pürierstab durchmixen.
4. Paste in eine Schüssel oder Dose umfüllen und auskühlen lassen. Nach Wunsch mit etwas Petersilie servieren Hält sich im Kühlschrank mehrere Tage lang.

Wurstaufstrich mit Mais

Zutaten für 450 g

- 200 g Zwiebeln
- 130 g Mais (aus der Dose)
- ½ TL Paprikapulver
- 150 g Geflügelwurst
- 1 TL Senf
- ½ TL Kräutersalz
- ¼ TL Pfeffer
- 1 EL frischer Schnittlauch

Schmeckt wunderbar zu Brezen und Weißbrot.

1. Zwiebeln schälen und grob schneiden. Mais in einem Sieb abtropfen lassen und mit den Zwiebeln und den restlichen Zutaten in einen Mixer schütten. Mittelgrob oder nach Belieben auch feiner pürieren.
2. Schnittlauch waschen, trockenschütteln, klein schneiden und untermischen. Evtl. etwas zum Bestreuen zurückbehalten.
3. Aufstrich in eine Schüssel füllen und zugedeckt im Kühlschrank 2 Stunden ruhen lassen. Vor dem Servieren nach Wunsch mit den restlichen Schnittlauchröllchen bestreuen.

Belgischer Brotaufstrich

Zutaten für 350 g

- 250 g gemischtes Hackfleisch
- 1 TL Gemüsebrühpulver, hefefrei
- 80 ml Fleischfond oder Wasser
- 80 g rote Paprika
- 50 g Zwiebeln
- 1 EL Knoblauchpaste und/oder Chilipaste (siehe Seite 12)
- ½ TL Salz
- ¼ TL Pfeffer

1. Hackfleisch, Gemüsebrühpulver und Fleischfond oder Wasser in einer Kasserolle unter Rühren etwa 15 Minuten lang garen.
2. Nach der Kochzeit überschüssiges Wasser abgießen, das Fleisch in eine Schüssel umfüllen und auskühlen lassen. Paprika waschen, vierteln, putzen. Zwiebeln schälen, grob schneiden. Beides mit der Knoblauchpaste (evtl. Chilipaste), Salz und Pfeffer in einen Mixer geben, fein pürieren.
3. Dann das abgekühlte Hackfleisch zufügen und nochmals kurz durchmixen.

Kalbsleberwurst

Zutaten für ca. 600 g

300 g mageres Schweinefleisch (z. B. aus dem Filet)
250 g Kalbsleber
120 g Butter
½ TL getrockneter Thymian
½ TL getrockneter Oregano
2 TL Knoblauchpaste (siehe Seite 12) oder 1 fein gehackte Knoblauchzehe
100 g Räucherspeckwürfel
75 g Sahne
Salz
Pfeffer
1 Zweig frischer Rosmarin

1. Schweinefleisch und Kalbsleber abwaschen und fein würfeln.
2. Butter in einem kleinen Kochtopf schmelzen lassen. Fleisch und Leber sowie Thymian, Oregano und Knoblauchpaste zugeben und 12–15 Minuten braten.
3. Räucherspeck zufügen, nochmals etwa 5 Minuten unter Rühren garen. Mit einem Pürierstab durchmixen.
4. Sahne angießen, nochmals kurz mixen, dann mit Salz und Pfeffer nach Geschmack würzen. Zur gewünschten Konsistenz (eher fein) pürieren (siehe auch Tipp). In eine Form umfüllen.
5. Rosmarin waschen, trockenschütteln und Nadeln abzupfen. Leberwurst mit den Rosmarinnadeln belegen, mit Frischhaltefolie gut bedecken und einige Stunden im Kühlschrank kühlen und fest werden lassen. Hält sich etwa 5 Tage.

Wer noch mehr Rauchgeschmack haben möchte, fügt einige Tropfen Liquid Smoke hinzu und mischt diese gut unter.

Je nachdem, wie fein man die Leberwurst mag, kann man sie länger oder auch kürzer pürieren.

Chicken-Curry-Aufstrich

Zutaten für 400 g

100 g frische oder Dosenananas
200 g gekochtes Hühnchenfleisch (z. B. Reste eines Grillhähnchens)
100 g Maroni (geschält und gekocht)
50 g Joghurt, 10 % Fett
1 TL Curry
1/4 TL Kräutersalz
1/4 TL Pfeffer

Schmeckt gut in Kombination mit Rucola.

1. Frische Ananas schälen, harten Strunk entfernen und Fruchtfleisch in einem Mixer fein hacken.
2. Hühnchenfleisch klein schneiden, zugeben.
3. Alle restlichen Zutaten zugeben und das Ganze gründlich mixen.
4. Aufstrich in eine Schüssel füllen, zugedeckt im Kühlschrank gut durchkühlen lassen.

Teewurst

Zutaten für 400 g

140 g Lachsschinken
50 g magere Rauchschinken-würfel
150 g Butter
100 g Frischkäse
1 Prise Paprikapulver
½ TL Pfeffer
1 Prise Salz

1. Lachsschinken in Streifen schneiden, mit den Rauchschinkenwürfeln in einem Mixer fein hacken.
2. Butter, Frischkäse, Paprikapulver, Pfeffer und Salz zugeben, nochmals mixen.

Brötchen in Scheiben schneiden, mit der Teewurst bestreichen und mit Schnittlauchröllchen bestreut servieren.

Schmalzfleischtöpfle

Zutaten für 450 g

100 g Zwiebeln
80 g Schweineschmalz
550 g roher Schweinebauch
1 TL Tomatenmark
3 Lorbeerblätter
4 Wacholderbeeren
½ TL Salz
¼ TL Pfeffer

Pastetenform

1. Zwiebeln schälen und fein schneiden.
2. Mit dem Schmalz in eine Kasserolle (ca. 1 l) geben und bei kräftiger Hitze 3–4 Minuten glasig dünsten.
3. Schwarte vom Schweinebauch abschneiden, Fleisch in 2 cm breite Streifen schneiden. Schweinebauchstreifen mit den restlichen Zutaten in die Kasserolle geben, mischen und alles abgedeckt etwa 1 Stunde lang bei mittlerer Hitze garen, bis das Fleisch gut durch ist. Zwischendurch immer wieder umrühren.
4. Lorbeerblätter entfernen. Fleischmasse mit einem Pürierstab in mehreren Etappen fein mixen.
5. Eine Pastetenform mit Frischhaltefolie auslegen. Die Fleischmasse hineingeben, gleichmäßig verstreichen. Wer mag, gibt ein paar Blätter Salbei obenauf. Mit der Folie bedecken und im Kühlschrank kalt stellen. Aufstrich innerhalb 1 Woche verzehren.

Geflügelleberpaté mit Aprikosen

Zutaten für ca. 850 g

2 Schalotten (50 g)
10 g frischer Ingwer
200 g Butter
300 g Hühnerleber
400 g Hühnerbrustfilets
150 g Sahne
2 TL Kräutersalz
70 g Soft-Aprikosen

Auflaufform, 1 l

1. Schalotten schälen und fein schneiden.Ingwer schälen und grob schneiden. Beides in einen kleinen Kochtopf geben und mit 1 EL von der Butter 5 Minuten bei starker Hitze anbraten.
2. Leber waschen, putzen und grob schneiden. Mit 2 EL Butter in den Kochtopf geben und weiterbraten, sodass die Leber durch, aber nicht trocken ist. Mischung in einen Mixer umschütten und etwas abkühlen lassen.
3. Hühnerbrust waschen, in Stücke schneiden und in der restlichen Butter im gleichen Topf durchbraten, dann ebenfalls in den Mixer geben.
4. Anschließend alles hacken, mit der Sahne aufgießen und fein mixen. Kräutersalz zugeben, nochmals etwa 1 Minute fein pürieren.
5. Die Aprikosen fein würfeln und mit einem Spatel einrühren.
6. Die Masse in eine passende Auflaufform füllen (ca. 1 l Inhalt). Mit Frischhaltefolie abdecken, diese fest auf die Farce drücken, sodass keine Luft mehr dazwischen ist.
7. Paté mindestens 3 Stunden im Kühlschrank ruhen lassen und innerhalb von 4–5 Tagen aufbrauchen.

Dieses Rezept dauert zwar etwas länger, aber das Ergebnis ist wirklich lecker!

Wer mag, rührt 1 Packung Tortenguss mit 250 ml Orangensaft oder Mangonektar kalt an, gibt etwas Zitronenschalenabrieb und 1 Prise Chili dazu, lässt das Ganze kurz aufkochen und gießt damit eine dicke Haut auf die Paté. Die wird dann im Kühlschrank fest und schützt die Oberfläche vor dem Austrocknen. Paté dann scheibenweise aufschneiden.

FISCH

Flusskrebs-Zitronen-Pastete

Zutaten für 350 g

- 100 g Butter
- 200 g Flusskrebsschwänze
- 2 EL Saft und Schale ½ Bio-Zitrone
- 75 g Remoulade
- 1 Prise Muskatnuss
- Salz
- Pfeffer
- Ein paar Blätter frischer Salbei

1. Butter in einer Kasserolle schmelzen lassen.
2. Flusskrebsschwänze in einem Sieb mit kaltem Wasser gründlich abspülen, abtropfen lassen und etwas ausdrücken. Zur heißen Butter geben und etwa 4 Minuten lang anbraten.
3. Zitrone abwaschen, trocknen und etwas Schale direkt in die Kasserolle reiben. Zitronensaft sowie Remoulade und Muskat dazugeben und alles mit einem Pürierstab fein mixen. Mit Salz und Pfeffer abschmecken.
4. Pastete in eine kleine Form füllen, glatt streichen und 2 Stunden zum Festwerden in den Kühlschrank stellen. Mit frischen Salbeiblättern belegt servieren.

Thunfisch-Avocado-Creme

Zutaten für 250 g

1 reife Avocado
2 EL Zitronensaft
1 Knoblauchzehe
1 Dose Thunfisch in Öl (Abtropfgewicht ca. 130 g)
Salz
Pfeffer

Variante:

100 g Zuckermais, abgetropft, mit der Creme verrühren

1. Avocado halbieren, Kern entfernen, Fruchtfleisch mit einem Löffel aus der Schale schaben. In einem Teller mit einer Gabel zerdrücken. Mit dem Zitronensaft in einen kleinen Mixer geben und fein pürieren, alternativ einen Pürierstab verwenden.
2. Knoblauchzehe schälen und durch eine Knoblauchpresse in die Masse drücken.
3. Thunfisch leicht abtropfen lassen, mit etwas Salz und Pfeffer zum Avocadopüree geben.
4. Alles nun intervallweise mixen, bis die gewünschte Konsistenz erreicht ist. Da keine große Menge verarbeitet wird, Masse mit einem Spatel immer wieder nach unten schieben.
5. Creme mit Salz und Pfeffer nach Geschmack würzen, in eine Schüssel umfüllen und im Kühlschrank abgedeckt gut durchkühlen lassen.

Lachsaufstrich

Zutaten für 250 g

- 25 g frischer Meerrettich
- 50 g Graved Lachs
- 200 g Frischkäse
- ½ TL Orangenschalenabrieb
- 1 TL Honig
- 1 Prise Zitronensalz
- Etwas frischer Dill

1. Meerrettich schälen, auf einer Reibe fein reiben.
2. Lachs klein schneiden und zusammen mit den restlichen Zutaten (außer dem Dill) in einen Mixer geben. Kurz durchmixen, Masse mit einem Spatel nach unten schieben und Vorgang wiederholen.
3. Dill waschen, trockenschütteln und grob hacken. Aufstrich mit Dill bestreut servieren.

Brotscheiben dick mit dem Aufstrich bestreichen, mit einer Scheibe Graved Lachs belegen, etwas Dill obenauf geben. Superlecker!

Räucherforellencreme

Zutaten für 350 g

- 200 g Räucherforellenfilets (am besten von der Lachsforelle)
- 200 g Schmand
- 1 TL Honig
- 1 TL scharfer Senf
- 1 TL frischer oder TK-Dill
- 1 Spritzer Zitronensaft
- Schwarzer Pfeffer
- Nach Belieben Salz

1. Alle Zutaten in einem Mixer fein pürieren.
2. Bei Bedarf noch mit Salz und Pfeffer nachwürzen.
3. Creme in eine Schüssel geben und abgedeckt 1–2 Stunden im Kühlschrank kalt stellen.

Makrelen-Meerrettich-Creme

Zutaten für 200 g

20 g frischer Meerrettich (alternativ 1 EL Meerrettich aus dem Glas)
1 Knoblauchzehe
175 g Räuchermakrelenfilets
Schwarzer Pfeffer
Salz (wenn vorhanden Algensalz)
Nach Belieben 1 EL frische Kräuter (Schnittlauch, Petersilie, Dill)

1. Meerrettich schälen, auf einer Reibe fein reiben (Vorsicht, sehr scharf!), Knoblauch schälen und fein hacken, beides in ein Mixgefäß geben.
2. 150 g von der Makrele ohne Haut zugeben sowie etwas Pfeffer und 1 Prise Salz. Mit einem Pürierstab fein pürieren.
3. Creme mit Salz und Pfeffer abschmecken, in eine Schüssel füllen, das restliche Makrelenfleisch auseinanderzupfen und auf die Creme streuen. Abgedeckt 1 Stunde im Kühlschrank durchziehen lassen.
4. Wer möchte, kann frische Kräuter waschen, trockenschütteln, fein hacken und diese dann vor dem Servieren über die Creme streuen.

Surimi mit Birne

Zutaten für 400 g

- 100 g Birne (ca. ½ Birne)
- 180 g Surimi
- 1 Msp. Chilipulver
- 1 Msp. Curry
- 1 Prise Zitronensalz
- 70 g Crème fraîche
- 70 g Mayonnaise
- Nach Belieben etwas frische Kräuter

1. Birne schälen, Kernhaus entfernen, Fruchtfleisch in Stücke schneiden und in einer Schüssel mit einem Pürierstab zerkleinern. Evtl. austretenden Saft abgießen.
2. ¼ des Surimi in 1 cm lange Stücke schneiden und beiseitestellen. Restliches Surimi zur Birne geben. Chili, Curry, Zitronensalz sowie Crème fraîche und Mayonnaise dazugeben und alles kurz aufmixen, mit Salz abschmecken.
3. Wer möchte, kann frische Kräuter waschen, trockenschütteln und fein hacken.
4. Aufstrich in eine Schüssel umfüllen, die restlichen Surimistücke darauf verteilen, evtl. mit gehackten Kräutern bestreuen. Am besten noch zugedeckt 1 Stunde im Kühlschrank durchziehen lassen.

Garnelenpaste

Zutaten für 350 g

200 g Kabeljaufilet, dampfgegart bzw. pochiert und abgekühlt
100 g Eismeergarnelen
10 g Senf
25 ml Sonnenblumenöl
25 g Seehasenrogen (»Deutscher Kaviar«)
1 TL Paprikapulver
Saft von ½ Zitrone
1 TL Honig
1 Prise Salz
1 Prise Pfeffer

1. Den abgekühlten Fisch mit den restlichen Zutaten in einem Mixer intervallweise mixen, bis eine schön cremige Masse entstanden ist.
2. Nach Geschmack nachsalzen oder -pfeffern.
3. Vor dem Servieren im Kühlschrank mindestens 1 Stunde lang abgedeckt durchziehen lassen.

Dampfgaren/Pochieren des Kabeljaufilets: Den Kabeljau mit kaltem Wasser abwaschen und trockentupfen. In einem Kochtopf mit Dampfgareinsatz oder in kochendem Wasser 12–15 Minuten garen, herausheben und abkühlen lassen, salzen und pfeffern.

Sardellen-Knoblauch-Butter

Zutaten für 200 g

1 Bio-Zitrone
1 Glas Sardellen in Öl (ca. 90 g)
200 g weiche Butter
1 TL Knoblauchpaste (siehe Seite 12) (alternativ 1 Knoblauchzehe, fein gehackt)
1 Prise Chilipulver
1 EL frischer Schnittlauch

Variante:

1 EL Kapern (abgetropft) mit den anderen Zutaten hacken

Schmeckt gut auf Brot, aber auch als Würzbutter zu Gegrilltem, Rind, Lamm, Tofu und Kartoffeln.

1. Zitrone heiß abwaschen und abtrocknen. Schale abreiben, Saft auspressen. Sardellen abtropfen lassen.
2. Sardellen, Zitronenschale und -saft mit Butter, Knoblauchpaste und Chilipulver in einem kleinen Mixer erst grob hacken, anschließend nochmals fein mixen.
3. Schnittlauch waschen, trockenschütteln und in feine Röllchen schneiden. Mit einem Spatel in die Buttermasse einrühren.
4. Masse in eine Schüssel füllen und abgedeckt im Kühlschrank aufbewahren. Innerhalb von 3 Tagen verbrauchen.

Garnelen-Mango-Aufstrich

Zutaten für 500 g

10 g frischer Ingwer
200 g Eismeergarnelen
200 g Mango
100 g Mayonnaise
1 Prise Salz
1 Prise Pfeffer
1 TL frischer Schnittlauch

1. Ingwer schälen und mit einer Reibe direkt in einen Mixer hineinreiben.
2. Garnelen in einem Sieb unter kaltem Wasser abspülen und abtropfen lassen.
3. Mango schälen, Fruchtfleisch vom Kern schneiden und mit den Garnelen in den Mixer geben, fein pürieren.
4. Mayonnaise, Salz und Pfeffer zugeben, nochmals durchmixen.
5. Schnittlauch waschen, trockenschütteln und in feine Röllchen schneiden.
6. Aufstrich in eine Schüssel füllen und mit Schnittlauch bestreut servieren.

Lachs-Krabben-Mousse

Zutaten für 450 g

200 g Sahne, sehr kalt
1 Packung Sahnesteif, ungezuckert
150 g Räucherlachs
150 g Eismeergarnelen
100 g Frischkäse
1 EL Zitronensaft
1 Prise Pfeffer
Nach Belieben etwas Salz
Etwas frischer Thymian
25 g Forellenkaviar

1. Sahne mit dem Sahnesteif in einem Mixgefäß mit dem Handrührgerät steif schlagen, dann in eine Schüssel umfüllen.
2. Lachs in Streifen schneiden, Garnelen in einem Sieb abspülen und abtropfen lassen. Beides mit dem Frischkäse und dem Zitronensaft in einen Mixer geben und durchmixen.
3. Sahne zugeben, mit einem Spatel vorsichtig unterheben.
4. Mousse mit Pfeffer und evtl. etwas Salz (Vorsicht, der Kaviar ist auch salzig!) abschmecken.
5. Thymian waschen, trockenschütteln und Blättchen abzupfen.
6. Mousse mit dem Kaviar als Topping und mit Thymianblättchen bestreut auf Brot servieren. Innerhalb von 2 Tagen aufbrauchen.

Statt Forellenkaviar kann man auch günstigeren schwarzen Seehasenrogen verwenden.

SÜSSES FÜR SCHLECKER-MÄULER

Erdnuss-Schoko-Honig-Aufstrich

Zutaten für 500 g

200 g geröstete Erdnüsse, gesalzen oder ungesalzen
100 g Butter
100 g Banane
100 g Honig
60 g ungesüßtes Kakaopulver

1. Erdnüsse in einem Mixer fein hacken.
2. Butter in Stücke schneiden, Banane schälen und klein schneiden. Beides mit den restlichen Zutaten ebenfalls in den Mixer geben und intervallweise zu einer feinen Creme mixen.
3. Aufstrich in ein Glas füllen und im Kühlschrank aufbewahren. Innerhalb von 2–3 Wochen aufbrauchen.

Schmeckt gut zu Fleisch und Geflügel, aber auch als süßer Aufstrich auf Brot und trockenen Kuchen.

Coconut-Dream

Zutaten für 350 g

200 g Puderzucker
200 g Kokosraspel
100 ml Guaven- oder Lycheenektar (oder Wasser)
Etwas Zitronenschalenabrieb

1. Puderzucker mit denKokosraspeln in einem kräftigen Mixer zu einem Pulver mahlen.
2. Den Fruchtnektar und den Zitronenschalenabrieb zugeben, nochmals fein mixen. Danach in einem passenden kleinen Kochtopf 12-15 Minuten lang unter Rühren sämig köcheln lassen.
3. Masse in ein Schraubglas füllen, abkühlen lassen und im Kühlschrank aufbewahren. Hält sich 1–2 Wochen.

Nicht nur als Brotaufstrich verwendbar, sondern auch als Kuchenbelag oder für Weihnachtsplätzchen als Deckschicht.

Einfache Karamellcreme

Zutaten für 400 g

400 g gezuckerte Kondensmilch (Dose, kein Tetrapack)
1 l Wasser

Creme auf das Brot streichen, darauf etwas Joghurt, Quark oder Frischkäse geben, mit Zimt, Vanille, Kardamom oder gehackten Nüssen bestreuen.

1. Einen Kochtopf mit mehreren Lagen Zeitungspapier auslegen, Dose hineinsetzen und das Wasser angießen, sodass die Dose damit bedeckt ist. Wasser ohne Deckel zum Kochen bringen und 90 Minuten lang sprudelnd kochen lassen, zwischendurch Wasser nachfüllen, sodass die Dose immer bedeckt ist.
2. Die Dose vor dem Öffnen erst auskühlen lassen.
3. Die Masse in eine verschließbare Dose umfüllen und kühl stellen. Die Creme ist im Kühlschrank 3 Wochen lang haltbar.

Maronibutter

Zutaten für 300 g

200 g Maroni, geschält und gekocht
60 g Süßrahmbutter
60 g Rohrzucker
1 EL Kakaopulver
1 TL Zimt

Vegane Variante:
Statt Butter Kokosöl verwenden

1. Alle Zutaten in einem Mixer erst grob hacken, dann bis zur gewünschten Konsistenz cremig mixen.
2. Maronibutter in ein Schraubglas füllen. Hält sich im Kühlschrank bis zu 2 Wochen.

Studentenfutteraufstrich

Zutaten für 400 g

65 g Walnüsse
65 g Mandeln
70 g Cranberrys
70 g Sonnenblumenkerne
70 g Blütenpollen
2 EL Honig
200 g Sahne

Variante:

Wer keine Walnüsse, Mandeln, Cranberrys und Sonnenblumenkerne zur Verfügung hat, kann auch 270 g Studentenfuttermischung verwenden.

Vegane Variante:

Statt Sahne Fruchtsaft verwenden, Blütenpollen weglassen und Honig durch Agavendicksaft ersetzen

1. Alle Zutaten in einen Mixer geben und bis zur gewünschten Konsistenz mixen.
2. Aufstrich in ein Schraubglas umfüllen, im Kühlschrank quellen und ziehen lassen.

Als Aufstrich verwenden, alternativ kleine Taler formen und mit in die Arbeit nehmen.

Pistazien-Kokos-Butter

Zutaten für 210 g

150 g gehackte Pistazien
300 ml Kokosmilch
120 g Honig

1. Alle Zutaten in einem Mixer intervallweise mixen, bis eine cremige Masse entsteht.
2. Butter in ein Schraubglas abfüllen.

Reste in Eiswürfelformen einfrieren und irgendwann in einem kräftigen Mixer zu einer leckeren veganen Eiscreme mixen.

Dattel-Maroni-Creme

Zutaten für 600 g

300 g entsteinte Datteln (ca. 16 Stück)
200 g Maroni, geschält und gekocht
100 g Cashewkerne
2 TL Honig
100 g Sahne

Vegane Variante:
Statt Honig Agavendicksaft und statt Sahne Fruchtsaft verwenden

1. Alle Zutaten in einen Mixer geben, erst grob hacken, dann fein pürieren. Creme in Schraubgläser abfüllen, hält sich im Kühlschrank maximal 1 Woche.

Schoko küsst Mandel

Zutaten für 300 g

100 g gehobelte oder gehackte Mandeln
200 g Schaumküsse (12 Stück)
60 g Sahne

1. Mandeln in einen Mixer schütten und fein mahlen.
2. Dann die Schaumküsse ohne Boden und die Sahne in den Mixer geben und alles nochmals kräftig durchmixen.
3. Creme in ein Schraubglas abfüllen.
4. Da die Masse sehr klebrig ist, Mixer und Utensilien unbedingt sofort spülen!

Schnelle Schokocreme

Zutaten für 250 g

1 Vanilleschote
100 g brauner Zucker
1 Prise Salz
200 g sehr weiche oder flüssige Butter
2 EL ungesüßtes Kakaopulver
½ TL Zimt

Vegane Variante:
Statt Butter vegane Margarine verwenden

1. Vanilleschote mit einem scharfen Messer längs aufschlitzen und das Mark herausschaben. Vanillemark, Zucker und Salz in einen kräftigen Mixer geben und fein mahlen. Dieses Pulver mit einem Küchenpinsel nach unten wischen.
2. Die Butter in Stücke schneiden, mit dem Kakaopulver und dem Zimt in den Mixer geben und alles cremig mixen.
3. Creme in ein Schraubglas füllen und im Kühlschrank aufbewahren.

BUTTER, FRUCHT-BUTTER UND NUSSBUTTER

Erdnussbutter

Zutaten für 400 g

- 400 g geröstete, gesalzene Erdnüsse
- ½ TL Meersalz
- 2–5 EL Rohrzucker (wenn die Butter süß sein soll, sonst weglassen)
- 1–2 EL neutrales Öl (z.B. Sonnenblumen- oder Rapsöl)

1. Geröstete Erdnüsse, Salz und Zucker in einem kräftigen Mixer fein hacken. Masse mit einem Spatel nach unten schieben und Vorgang wiederholen, dabei etwas Öl zugeben, dann weitermixen, bis die gewünschte Konsistenz erreicht ist.
2. Nach Belieben mit Salz und Zucker nachwürzen und nochmals gut verrühren.
3. Erdnussbutter in Schraubgläser füllen, kühl, aber nicht im Kühlschrank lagern. Durch Kondenswasser könnte die Erdnussbutter sonst schimmeln. Am besten innerhalb von 2–3 Wochen aufbrauchen.

Wer die Crunchy-Version der Erdnussbutter mag, legt vor dem Mahlen 1 EL Nüsse beiseite und hackt sie nicht zu fein. Zum Schluss unter die fertige Masse rühren.

Cashewbutter

Zutaten für 450 g

300 g Cashewkerne
2 TL Zitronensaft
165 ml Kokosmilch, fett
2 TL guter Honig, am besten Waldhonig

Vegane Variante:
Statt Honig Agavendicksaft verwenden

1. Cashewkerne und Zitronensaft in einem kräftigen Mixer sämig mixen.
2. Den festen Bestandteil der Kokosmilch (den Rest anderweitig verwenden, zum Beispiel als Milchersatz) und den Honig zugeben, nochmals kurz aufmixen zur gewünschten Konsistenz.
3. Butter in ein Schraubglas füllen und kühl, aber nicht im Kühlschrank aufbewahren.

Mandelbutter

Zutaten für 250 g

300 g Mandeln
nach Belieben 1 TL Zimtpulver

1. Backofen auf 180 °C Umluft vorheizen.
2. Ungeschälte Mandeln auf ein mit Backpapier belegtes Blech legen und etwa 8 Minuten im Backofen rösten. Dabei aufpassen, dass sie nicht verbrennen.
3. Mandeln aus dem Ofen nehmen und unbedingt vollkommen auskühlen lassen.
4. Dann in einen kräftigen Mixer (bewährt hat sich hier auch die gute alte Moulinette) schütten und sehr fein mahlen, evtl. in Intervallen.
5. Zwischendurch Masse mit einem Spatel hinunterschieben, danach wieder weiterpürieren, Nun müsste sich das Öl von den Nüssen trennen und eine flüssig-cremige Konsistenz entstanden sein. Sonst nochmals ein paar Minuten lang auf höchster Stufe weitermixen. Dem Mixer bei Bedarf aber vorher eine kurze Verschnaufpause gönnen, damit er nicht heiß läuft.
6. Die fertige Mandelbutter evtl. mit etwas Zimt würzen, in ein Glas füllen und innerhalb von 2–3 Wochen aufbrauchen. Kühl, aber nicht im Kühlschrank lagern. Durch Kondenswasser könnte die Mandelbutter sonst schimmeln.

So hergestellt ist die Mandelbutter ungesüßt, also neutral, und kann sowohl mit Süßem (z. B. Bananenscheiben, Apfelstücken, Marmelade) als auch mit Pikantem (Grillfleisch, Räucherschinken, kaltem Braten) kombiniert werden. Wer sie süß mag, gibt einfach zum Schluss 2 EL Honig dazu und mixt diesen unter.

Zitronen-Mandel-Butter

Zutaten für 300 g

100 g blanchierte Mandeln
80 g Zucker
200 g weiche Butter
1 Bio-Zitrone

1. Mandeln mit dem Zucker in einem kräftigen Mixer sehr feinmahlen. Butter zugeben und gründlich untermischen.
2. In der Zwischenzeit die Zitrone waschen, die Schale mit einem Zestenreißer in langen Streifen abziehen, eine Zitronenhälfte auspressen.
3. ⅔ der Zitronenschale und den Saft in den Mixer zu den Mandeln geben, alles gut durchmixen.
4. Butter in eine Schüssel füllen, mit den restlichen Zesten bestreuen und in den Kühlschrank stellen. Innerhalb von 3 Tagen aufbrauchen.

Apfelbutter

Zutaten für 300 g

800 g säuerliche Äpfel
1 Vanilleschote
100 g brauner Zucker
Saft 1 Zitrone
1 EL Zimt
50 g weiche Süßrahmbutter

Schmeckt wunderbar auf Brot oder auch mit cremigem Joghurt als Unterlage.

Das gleiche Rezept kann man mit Birnen oder Quitten (evtl. etwas Quittensaft zufügen) zubereiten.

1. Die Äpfel waschen, entkernen und klein schneiden. Dann in einem Mixer häckseln.
2. Vanilleschote mit einem scharfen Messer längs aufschlitzen und das Mark herausschaben. Vanillemark mit Zucker, Zitronensaft, Zimt, den Apfelstücken und dem ausgetretenen Saft in einen Kochtopf geben und bei sanfter Hitze ohne Deckel 70–80 Minuten einkochen Dabei immer wieder rühren, einen Deckel aufsetzen, aber nicht ganz schließen. Darauf achten, dass nichts anbrennt.
3. Masse abkühlen lassen, dann die Süßrahmbutter in Stücken einrühren. Mit dem Pürierstab durchziehen, sodass eine glatte Butter entsteht.
4. Butter in ein Schraubglas füllen, im Kühlschrank lagern und innerhalb von 1 Woche aufbrauchen.

Bärlauchbutter

Zutaten für 250 g

½ Bio-Zitrone
1 TL frische Petersilie
1 EL frischer Bärlauch
½ TL Paprikapulver
1TL Kräutersalz
¼ TL Pfeffer
250 g zimmerwarme Süßrahmbutter

Frischen, nicht blühenden Bärlauch verwenden. Achtung: nicht mit den giftigen Maiglöckchenblättern verwechseln!

1. Zitrone waschen, abtrocknen und die Schale abreiben. Petersilie und Bärlauch waschen, trockenschütteln und beides fein hacken, dann in eine Schüssel geben.
2. Zitronenschalenabrieb, Paprika, Salz und Pfeffer zufügen und alles gut vermischen.
3. Die Butter in Stücken zugeben und mit einem Schneebesen unterrühren..
4. Masse auf ein Stück Klarsichtfolie geben, zu einer Rolle formen, mit der Folie einpacken und in den Kühlschrank stellen. Mindestens 2 Stunden lang ziehen lassen.

Chili-Koriander-Butter

Zutaten für 250 g

- 1 TL frischer Koriander
- 1 TL frischer Dill
- 250 g weiche Süßrahmbutter
- 5 g Orangenschalenabrieb
- ½ TL Chiliflocken
- 2 EL Olivenöl
- 1 TL Kräutersalz
- 1 Prise Pfeffer

Schmeckt besonders gut zu Fleisch- und Fischgerichten.

1. Koriander und Dill waschen, trockenschütteln und fein hacken.
2. Die Butter in eine Schüssel geben, restliche Zutaten zufügen und alles gründlich mit dem Schneebesen oder einem Pürierstab vermischen.
3. Masse durch einen Marmeladentrichter in ein Schraubglas füllen und im Kühlschrank durchziehen lassen. Hält sich 1 Woche.

Zitronen-Passionsfrucht-Butter mit Thymian

Zutaten für 250 g

1 Passionsfrucht
Abrieb von 1 Bio-Zitrone
1 Prise Kräutersalz
1 Prise Pfeffer
250 g zimmerwarme Butter
1 TL frischer Thymian

1. Passionsfrucht halbieren, Fruchtfleisch aus der Schale löffeln und durch ein Sieb streichen.
2. Passionsfruchtmark, Zitronenschalenabrieb, Kräutersalz und Pfeffer in eine Schüssel geben und mit einem Schneebesen gut vermengen.
3. Butter in Stücke schneiden. Thymian waschen, trockenschütteln, Blättchen abzupfen und möglichst fein hacken. Beides ebenfalls in die Schüssel geben und alles mit einem Pürierstab cremig aufschlagen.
4. Butter auf Klarsichtfolie geben, zu einer Rolle formen, mit der Folie einpacken und in den Kühlschrank stellen. Innerhalb 1 Woche aufbrauchen.

Dieser Aufstrich kann durch Zugabe von 50 g Puderzucker als süße Variante ohne Kräutersalz und Pfeffer zubereitet werden.

Sesambutter

Zutaten für 300 g

100 g Sesam
250 g weiche Süßrahmbutter
1 TL Kräutersalz
¼ TL Pfeffer
1 Prise Chilipulver

1. Den Sesam in einer heißen Pfanne ohne Fett einige Minuten lang vorsichtig rösten, dabei die Pfanne immer wieder schwenken, damit die Körner nicht anbrennen. Achtung, die Sesamkörner springen umher (evtl. mit einem Tuch abdecken)!
2. Sesam etwas auskühlen lassen, dann im Mörser oder Mixer fein mahlen.
3. Die Butter in Stücken mit Salz, Pfeffer und Chili in eine Schüssel geben und mit dem Schneebesen mit dem Sesammehl vermischen. Wer mag, kann auch mit einem Pürierstab arbeiten, um die Butter feiner zu bekommen.
4. Butter in ein Schraubglas füllen und innerhalb 1 Woche aufbrauchen.

Schmeckt gut auf Brot, besonders mit frischen Kräutern wie Kresse oder auch Keimlingen darauf. Passt aber auch gut zu Gemüsegerichten, Grillfleisch und Tofuspeisen.

Wer die Butter nicht gleich aufbraucht, kann sie auch einfrieren.

Knoblauchbutter

Zutaten für 250 g

80 g Zwiebeln
1 EL frische oder TK-Kräuter, aufgetaut
250 g zimmerwarme Süßrahmbutter
1 EL Knoblauchpaste (siehe Seite 12)
1 TL Salz
¼ TL Pfeffer

1. Zwiebeln schälen und fein würfeln.
2. Frische Kräuter waschen, trockenschütteln und fein hacken.
3. Butter in Stücke schneiden und mit den Kräutern, Knoblauchpaste, Zwiebel, Salz und Pfeffer in einer Schüssel mit dem Schneebesen oder Pürierstab gründlich vermischen bzw. mixen.
4. Knoblauchbutter in eine Gefrierbox füllen oder in Frischhaltefolie wickeln und zum Aushärten in den Kühlschrank stellen.
5. Hält sich 1 Woche lang. Nicht sofort benötigte Mengen einfrieren.

Rotwein-Zwiebel-Butter

Zutaten für 350 g

160 g Zwiebeln
250 g zimmerwarme Süßrahmbutter
150 ml Rotwein
1 TL Kräutersalz
½ TL Pfeffer

1. Zwiebeln schälen und fein würfeln. Mit 1 EL von der Butter in einer Kasserolle kurz andünsten. Mit dem Rotwein ablöschen und 10 Minuten lang weich dünsten. Die Zwiebeln im Topf auskühlen lassen.
2. Die restliche Butter in Stücke schneiden und mit Kräutersalz und Pfeffer zu den Zwiebeln geben. Anschließend mit dem Pürierstab fein mixen.
3. Die Buttermasse in eine Schüssel oder Holzbutterform (vorher wässern) füllen oder einfach in Frischhaltefolie wickeln. In den Kühlschrank stellen und fest werden lassen.

RATZFATZ-AUFSTRICHE: EXTRAFIX!

Kokosnuss-Avocado-Aufstrich

Zutaten für 170 g

2 Avocados
100 ml dicke Kokosmilch
2 EL Honig

Schmeckt sehr gut mit frischen Früchten wie Heidelbeeren, Himbeeren, Erdbeeren oder Kiwis.

1. Die zwei Avocados halbieren, Kerne entfernen, das Fruchtfleisch aus der Schale löffeln, in kleine Stücke schneiden und in einen Mixer geben.
2. Kokosmilch und Honig dazugeben, alles kurz durchmixen bis zur gewünschten Konsistenz.
3. In eine Schüssel umfüllen und genießen.

Ein Käse steht im Walde

Zutaten für 300 g

200 g Brie
Kresse zum Garnieren
2 Zwiebeln
10 g frischer Meerrettich (alternativ 1 TL Meerrettich aus dem Glas)
100 g Frischkäse
100 g TK-Preiselbeeren
1 TL Kräutersalz
1/4 TL Pfeffer

1. Brie in Stücke schneiden. Kresse abschneiden, waschen, trockenschütteln und beiseitelegen.
2. Zwiebeln schälen und fein würfeln. M eerrettich schälen und reiben.
3. Alle Zutaten (bis auf die Kresse) in einem Mixer zur gewünschten Konsistenz verarbeiten.
4. Käseaufstrich in eine Schüssel umfüllen und mit der Kresse garniert servieren.

Mapama-Aufstrich (Mango-Paprika-Quark)

Zutaten für 500 g

½ Mango
100 g Magerquark
200 g Frischkäse
1 EL Honig
1 TL Kräutersalz
½ TL Pfeffer
½ TL Paprikapulver
½ TL Curry oder Smoked Curry

1. Mango schälen, 150 g Fruchtfleisch vom Kern abschneiden und klein würfeln.
2. Mit den restlichen Zutaten in einen Mixer geben und zur gewünschten Konsistenz mixen. Der Aufstrich ist im Kühlschrank 2 Tage lang haltbar.

Schmeckt herrlich zu Weißbrot und allen Fleisch- und Fischgerichten.

Mandarinen-Frischkäse

Zutaten für 300 g

4 Lauchzwiebeln
1 Dose Mandarinen (314 ml)
200 g Frischkäse
25 g Pinienkerne
1/3 TL Salz
1 Prise Cayennepfeffer
1 TL mildes Currypulver

1. Lauchzwiebeln putzen, waschen und in feine Röllchen schneiden.
2. Mandarinen in ein Sieb schütten und abtropfen lassen. Mit den anderen Zutaten (außer den Lauchzwiebeln) in einen Mixer geben und zur gewünschten Konsistenz mixen.
3. Aufstrich in eine Schüssel umfüllen und mit den Lauchzwiebeln bestreut servieren. Innerhalb von 2 Tagen verbrauchen.

Scharfe Dattel

Zutaten für 300 g

150 g entsteinte Datteln
200 g Frischkäse
1 EL Chilipaste (siehe Seite 12)
1 TL Kräutersalz
1/4 TL Pfeffer

1. Alle Zutaten in einem Mixer zur gewünschten Konsistenz pürieren.
2. Paste in ein Schraubglas füllen und am besten noch 1 Stunde im Kühlschrank durchziehen lassen.

Guko-Aufstrich

Zutaten für 300 g

150 g Bio-Gurke
1 TL frische oder TK-Kräuter
1 EL Knoblauchpaste (siehe Seite 12)
200 g Frischkäse
½ TL Salz
¼ TL Pfeffer
¼ TL Paprikapulver
1 Spritzer Zitronensaft

1. Gurke waschen, längs halbieren, Kerne mit einem Löffel herausschaben und das Fruchtfleisch in 1 cm große Stücke schneiden.
2. Frische Kräuter waschen, trockenschütteln und hacken, mit den restlichen Zutaten in einem Mixer zur gewünschten Konsistenz mixen.
3. Aufstrich in eine Schüssel umfüllen und genießen.

Eignet sich auch gut zum Dippen von Gemüse, Tortillas, Grissini, Brezen oder einfach auf Brot.

Red Sonja

Zutaten für 450 g
15 frische Basilikumblätter
100 g Schafskäse
100 g Cocktailtomaten
200 g Frischkäse
70 g mildes Ajvar
1 EL Knoblauchpaste (siehe Seite 12)
1 TL Kräutersalz
1/4 TL Pfeffer

1. Basilikum waschen, trockenschütteln und mit einer Schere direkt in einen Mixer schneiden.
2. Schafskäse in Stücke schneiden. Tomaten waschen und vierteln.
3. Alle Zutaten in den Mixer geben und zur gewünschten Konsistenz mixen.
4. Aufstrich in eine Schüssel umfüllen und innerhalb von 2 Tagen verbrauchen.

Schokofee-Aufstrich

Zutaten für 350 g

250 g Karamell-Nuss-Schoko-Pralinen (z. B. Toffifee)
70 g Butter
70 g Sahne

1. Alle Zutaten in einem Mixer oder mit einem kräftigen Pürierstab zur gewünschten Konsistenz mixen.
2. In ein Schraubglas umfüllen, innerhalb von 1 Woche verbrauchen.

Für eine noch cremigere Variante die Creme in einer Kasserolle kurz bis etwa 70 °C erwärmen, dann evtl. nochmals durchmixen.. In eine Schüssel umfüllen und im Kühlschrank fest werden lassen.

Espresso on tour

Zutaten für 200 g

25 ml Espresso, ausgekühlt
80 g Frischkäse
100 g Quark, 20 % Fett
40 g Zucker

1. Alle Zutaten in einem Mixer oder mit dem Pürierstab zu einer feinen Creme verarbeiten.
2. Creme in ein Schraubglas umfüllen und innerhalb von 3 Tagen verbrauchen.

Wer mag, bestreut die Creme oder das fertig bestrichene Brot mit etwas Haselnusskrokant (erst kurz vor dem Essen, der Krokant weicht sonst durch).

Quark liebt Honig

Zutaten für 300 g

50 g gehackte Pistazien
250 g Speisequark, 20 % oder 40 % Fett
2 EL Honig
1 EL Orangenlikör
1 TL Orangenschalenabrieb

1. Die Pistazien in eine Pfanne ohne Fett geben und unter Rühren 2 Minuten anrösten, dann kurz abkühlen lassen.
2. Restliche Zutaten in einer Schüssel mit dem Pürierstab cremig mixen.
3. Die Creme mit den Pistazien bestreut servieren.

Schmeckt gut zu Fruchtsalat, karamellisierten Bananen und Ananas oder Schokoladenfondue.

Schafskäse-Allerlei

Zutaten für 300 g
200 g Schafskäse
150 g griechischer Schafskäse-joghurt
1 Prise Pfeffer
1 TL Honig

1. Schafskäse klein schneiden und mit den restlichen Zutaten in einer Schüssel mit dem Pürierstab cremig mixen.
2. Aufstrich umfüllen und innerhalb von 3 Tagen verbrauchen.

Brotscheiben mit dem Aufstrich bestreichen, mit halbierten Cocktailtomaten und frischen Kräutern (Oregano, Basilikum, Thymian) belegen und genießen.

BROT

• • • • • • •

Keine Angst vor dem Brotbacken, mit diesen Rezepten und einer guten Rührmaschine wird das Ganze zum Kinderspiel, wenn man ein paar Regeln beachtet:

Den Teig knetet die Maschine ganz allein, ohne Mühe und mit einem hervorragenden Ergebnis!

Die Hefe benötigt etwas Zeit zum Gehen. Und die sollte man ihr auch geben, um ein gutes Ergebnis zu erzielen. So bekommt man ein herrlich fluffiges Brot.

Beim Gehen braucht der Teig die richtige Temperatur. Was er nicht mag: Kälte und Zugluft. Rohen Teig in einer Schüssel abgedeckt an einen warmen Platz stellen, Teiglinge abdecken.

Nach dem ersten Gehen sollte sich das Volumen des Teiges deutlich vergrößert haben, teilweise wird er sogar doppelt so groß.

Nun das Brot oder die Brötchen kurz durchkneten, aber nicht zu fest, es soll ja nicht alle Luft wieder herausgepresst werden. Den Teig nochmals rund 20 Minuten lang mit einem sauberen Tuch abgedeckt gehen lassen, bis sein Volumen sich erneut vergrößert hat (nun nicht mehr so stark wie beim ersten Gehen).

Zum Backen braucht es keinen Hightech-Backofen. Aber heiß muss er sein!

Für eine schöne Kruste am besten mit einer ausrangierten Blumenspritze oder einer Sprühflasche ordentlich Wasser in den heißen Backofen sprühen, bevor das Brot in den Ofen kommt (alternativ eine hitzefeste Schale mit Wasser hineinstellen).

Erst wird der Ofen auf 250 °C Ober-/Unterhitze (keine Umluft verwenden) aufgeheizt, dann mit Wasser einsprühen, jetzt Brot oder Brötchen hineinschieben (mittlere Schiene).

Nach etwa 5 Minuten wird die Hitze entsprechend dem jeweiligen Rezept reduziert.

Das Brot ist fertig, wenn es hohl klingt, wenn man mit dem Zeigefingerknochen auf die Unterseite klopft. Außerdem sollte es etwas Farbe angenommen haben, aber nicht zu dunkel sein!

Jeder Backofen hat individuelle Backzeiten, die Angaben hier können daher nur Richtwerte sein!

Nach dem Herausnehmen aus dem Ofen Brot auf einem Gitter abkühlen lassen, denn das Brot schwitzt schnell.

Erst abgekühlt aufschneiden und in einem Brotbeutel oder einer Brotdose aufbewahren. Da unser Brot keine Konservierungsstoffe enthält, sollte es bald gegessen werden. Oder Sie frieren einen Teil davon (ausgekühlt) ein.

Kastenweißbrot

Zutaten für 1 Brot
1 Würfel Frischhefe, 42 g
1 TL Zucker
300 ml lauwarmes Wasser (ca. 37 °C)
50 g Butter
500 g Pizzamehl
1 TL Steinsalz
Öl und Butter zum Einfetten
Kastenbackform

1. Die Hefe in eine große Tasse bröseln, Zucker und lauwarmes Wasser zufügen. Hefe unter Rühren auflösen und 5 Minuten stehen lassen.
2. Butter in einem kleinen Topf schmelzen und mit der Hefemischung, Mehl und Salz in eine Rührmaschine (mit Knethaken) geben und etwa 4 Minuten lang zu einem geschmeidigen Teig kneten.
3. Den Teig in einer geölten Schüssel abgedeckt ca. 20 Minuten gehen lassen, bis er sich deutlich vergrößert hat.
4. Anschließend Teig noch einmal kurz durchkneten. Dann in die gefettete Kastenform füllen, mit der Hand in die Ecken hineindrücken. Abgedeckt weitere 15–20 Minuten gehen lassen.
5. Backofen derweil auf 220 °C Ober-/Unterhitze vorheizen.
6. Etwas Wasser in den Ofen sprühen (alternativ eine hitzefeste Schale mit Wasser hineinstellen).
7. Bevor das Weißbrot in den Ofen kommt, längs 0,5 cm tief einschneiden.
8. Brot auf der mittleren Schiene 35–40 Minuten lang goldbraun backen, dabei Hitze nach 5 Minuten auf 180 °C reduzieren.
9. Wenn das Brot fertig ist, aus dem Ofen nehmen und in der Form abkühlen lassen.

Brötchen

Zutaten für 6 große Brötchen

2/3 Würfel Frischhefe, 28 g, oder 1 Packung Trockenhefe
½ EL Zucker
400 ml lauwarmes Wasser (ca. 37 °C)
25 ml Sonnenblumenöl
250 g Dinkelmehl Type 630
450 g Pizzamehl
10 g Salz
1 Beutel Flüssigsauerteig
Mehl zum Kneten
Nach Belieben 2 EL Mohn, Sesam oder Sonnenblumenkerne

1. Für den Hefeansatz die Hefe zerbröseln und in eine Tasse geben, Zucker und 100 ml lauwarmes Wasser dazugeben, mit einem Plastiklöffel verrühren und 10 Minuten zugedeckt gehen lassen.
2. Die Rührschüssel der Küchenmaschine bis an den Rand mit Sonnenblumenöl ausstreichen. Mehl, Salz, Hefeansatz, Sauerteig und das restliche lauwarme Wasser hineingeben, etwa 4 Minuten gut durchkneten.
3. Teig in eine geölte Schüssel umfüllen und abgedeckt 40–60 Minuten an einem warmen Platz gehen lassen.
4. Arbeitsfläche mit Mehl bestreuen, Teig daraufschütten und in 6 gleich große Stücke aufteilen. Mit den Ballen der Hand Brötchen formen. Diese auf ein mit Backpapier belegtes Backblech setzen, sternförmig einschneiden (nicht tiefer als 0,5 cm), abdecken und 10–15 Minuten gehen lassen.
5. Backofen auf 250 °C Ober-/Unterhitze vorheizen.
6. Sind die Brötchen deutlich größer geworden, mit etwas Wasser besprühen und nach Belieben mit Mohn, Sesam oder Sonnenblumenkernen bestreuen.
7. Großzügig Wasser in den Ofen sprühen (alternativ eine hitzefeste Schale mit Wasser hineinstellen).
8. Brötchen in den Ofen (mittlere Schiene) geben und 5 Minuten lang backen. Dann Temperatur auf 200 °C reduzieren und etwa 15 Minuten weiterbacken, bis die Brötchen schön gebräunt sind und es hohl klingt, wenn man mit dem Finger auf die Unterseite klopft.
9. Brötchen aus dem Ofen nehmen und auf einem Gitter oder auf dem Blech umgedreht abkühlen lassen.

Dinkelbaguettes

Zutaten für 3 große oder 4 kleinere Baguettestangen

½ Würfel Frischhefe, 21 g
1 TL Zucker
400 ml lauwarmes Wasser (ca. 37 °C)
30 ml Sonnenblumenöl
700 g Dinkelmehl Type 650 oder
450 g Dinkelmehl Type 630 und
250 g Dinkelvollkornmehl)
1 ½ TL Ursteinsalz
Mehl zum Kneten
Körner nach Belieben

1. Für den Hefeansatz die Hefe zerbröseln und in eine Tasse geben, Zucker und 100 ml lauwarmes Wasser dazugeben, mit einem Plastiklöffel verrühren und zugedeckt 10 Minuten gehen lassen.
2. Rührschüssel der Küchenmaschine bis an den Rand mit Sonnenblumenöl ausstreichen. Mehl, Salz, Hefeansatz und das restliche lauwarme Wasser hineingeben, etwa 4 Minuten lang kneten.
3. Den Teig in eine geölte Schüssel umfüllen und zugedeckt 40–60 Minuten an einem warmen Platz gehen lassen.
4. Arbeitsfläche mit etwas Mehl bestreuen. Teig daraufschütten und in 3 gleich große Stücke teilen. Teiglinge gut durchkneten, dann blechlange Stangen formen und diese auf ein mit Backpapier belegtes Backblech legen. Abgedeckt 15–20 Minuten gehen lassen.
5. Backofen auf 250 °C Ober-/Unterhitze vorheizen.
6. Baguettes je 3-mal schräg leicht einschneiden.
7. Wenn Körner daraufsollen, Teig mit Wasser einpinseln oder einsprühen und Körner daraufstreuen.
8. Großzügig Wasser in den Ofen sprühen (alternativ eine hitzefeste Schale mit Wasser hineinstellen).
9. Blech in den Ofen (mittlere Schiene) geben und Baguettes 5 Minuten lang backen. Dann Temperatur auf 220 °C reduzieren und 20 Minuten weiterbacken, bis sie schön gebräunt sind und es hohl klingt, wenn man mit dem Finger auf die Unterseite klopft.
10. Brote aus dem Ofen nehmen und auf einem Gitter oder umgedreht abkühlen lassen.

Die Teigrohlinge vor dem Backen mit etwas Wasser einpinseln und mit Sesam, Mohn, Sonnenblumen- oder Kürbiskernen bestreuen. So erhält man leckere Körnerbaguettes.

Sehr gut werden die Baguettes, wenn man noch 1 Beutel Bio-Sauerteig flüssig mitknetet.

Eiweißbrot

Zutaten für 1 Brot

100 g Sonnenblumenkerne
50 g Pekannüsse
70 g Leinsamen
100 g ganze Mandeln
80 g Quinoa, gepoppt
2 EL Weizenvollkornmehl
½ TL Steinsalz
1 ½ Packung Backpulver
250 g Magerquark
150 g Speisequark, 20 % Fett
4 Eier, M
1 EL Mohnsamen
Kastenbackform

1. Alle festen Zutaten in einem Mixer fein zerkleinern , aber nicht pulverisieren.
2. Flüssigkeit des Quarks abgießen und diesen dann mit den Eiern und den zerkleinerten Zuaten in eine Rührschüssel geben. Mit dem Handrührgerät zu einem Teig kneten.
3. Eine Kastenform mit angefeuchtetem Backpapier auslegen, auch in die Ecken drücken.
4. Teig in die Form geben.
5. Das Brot an einem warmen Ort abgedeckt 45 Minuten ruhen lassen.
6. Mit etwas Wasser einpinseln und mit dem Mohn bestreuen.
7. Backofen auf 210 °C Ober-/Unterhitze vorheizen.
8. Das Brot auf der mittleren Schiene ca. 60 Minuten backen.
9. Holzspießtest durchführen: Das Brot ist fertig, wenn keine Teigreste mehr am Spieß haften bleiben, wenn man ihn mittig hineinsticht (eventuell 5–10 Minuten nachbacken).
10. Das fertige Brot aus dem Ofen holen, aus der Backform stürzen (Küchenhandschuhe anziehen) und auskühlen lassen.
11. In Butterbrotpapier eingewickelt an einem kühlen Ort (nicht im Kühlschrank) aufbewahren.

Rosmarin-Ciabatta

Zutaten für 3 Stück

½ Würfel Frischhefe, 21 g, oder 1 Päckchen Trockenhefe
½ EL Zucker
400 ml lauwarmes Wasser (ca. 37 °C)
25 ml Olivenöl + 3 EL zum Kneten
250 g Dinkelmehl Type 630
450 g Pizzamehl
10 g Salz
Nach Belieben 1 Beutel Flüssigsauerteig
1 ½ TL gehackter Rosmarin (frisch oder getrocknet) + etwas zum Bestreuen
Mehl zum Kneten

1. Für den Hefeansatz die Hefe zerbröseln und in eine Tasse geben, Zucker und 100 ml lauwarmes Wasser dazugeben, mit einem Plastiklöffel verrühren und 10 Minuten lang zugedeckt gehen lassen.
2. Die Rührschüssel einer Küchenmaschine bis an den Rand mit etwas Olivenöl ausstreichen.
3. Mehl, Salz, Hefeansatz, eventuell Sauerteig, Rosmarin und das restliche lauwarme Wasser hineingeben, etwa 4–5 Minuten lang zu einem geschmeidigen Teig kneten.
4. Teig in eine geölte Schüssel umfüllen, abgedeckt 40–60 Minuten an einem warmen Platz gehen lassen.
5. Arbeitsfläche mit Mehl bestreuen. Teig daraufschütten und in 3 gleich große Stücke teilen. Jeweils 1 EL Olivenöl in die Hand geben und jeden Teigling gut durchkneten, dann ovale Brote formen. Mit Wasser einpinseln und mit etwas Rosmarin bestreuen. Auf ein mit Backpapier belegtes Backblech setzen. Abgedeckt 15–20 Minuten gehen lassen.
6. Backofen auf 250 °C Ober-/Unterhitze vorheizen.
7. Großzügig Wasser in den Ofen sprühen (alternativ eine hitzefeste Schale mit Wasser hineinstellen).
8. Ciabatta in den Ofen (mittlere Schiene) geben und 5 Minuten lang backen. Dann Temperatur auf 220 °C reduzieren und etwa 18 Minuten weiterbacken, bis die Brote schön gebräunt sind und es hohl klingt, wenn man mit dem Finger auf die Unterseite klopft.
9. Brote aus dem Ofen holen und auf einem Gitter oder umgedreht abkühlen lassen.

Bildnachweis

S. 17, S. 18, S. 30, S. 34, S. 36, S. 38, S. 39, S. 42, S. 48, S. 49, S. 50, S. 51, S. 52, S. 53, S. 55, S. 60, S. 61, S. 68, S. 69, S. 76, S. 79, S. 81, S. 83, S. 84, S. 89, S. 91, S. 95: Charly Till; S. 10: Africa Studio/Shutterstock.com; S. 11: bozulek/Shutterstock.com; S. 14: vm2002/Shutterstock.com, Nataliya Arzamasova/Shutterstock.com; S. 15: Timolina/Shutterstock.com; S. 16: Oksana Mizina/Shutterstock.com; S. 19: stockcreations/Shutterstock.com; S. 23: Ildi Papp/Shutterstock.com; S. 24: DarZel/Shutterstock.com; S. 25: Aneta_Gu/Shutterstock.com; S. 26: zi3000/Shutterstock.com; S. 28: Viktor1/Shutterstock.com; S. 31: GooDween123/Shutterstock.com; S. 32: belizar/Shutterstock.com; S. 33: Karl Allgaeuer/Shutterstock.com; S. 35: sarsmis/Shutterstock.com; S. 43: grafvision/Shutterstock.com; S. 50: Tatiana Vorona/Shutterstock.com; S. 54: Andrew Riverside/Shutterstock.com; S. 56: ziashusha/Shutterstock.com; S. 58: Nataliya Arzamasova/Shutterstock.com; S. 59: MaraZe/Shutterstock.com; S. 59: AlenaKogotkova/Shutterstock.com; S. 60: Piotr Krzeslak/Shutterstock.com; S. 62: AnjelikaGr/Shutterstock.com; S. 64: baibaz/Shutterstock.com; S. 65: Nataliya Arzamasova/Shutterstock.com; S. 70: aliasemma/Shutterstock.com; S. 71: ILEISH ANNA/Shutterstock.com; S. 75: rukxstockphoto/Shutterstock.com; S. 78: nuruddean/Shutterstock.com; S. 82: Melica/Shutterstock.com; S. 85: Barbara Neveu/Shutterstock.com; S. 86: Stepanek Photography/Shutterstock.com; S. 88: Janet Moore/Shutterstock.com; S. 93: Veebee Design/Shutterstock.com